JN436640

오늘의문학시인선 401

길 위에 서면

김명동 시집

오늘의문학사

국립중앙도서관 출판시도서목록(CIP)

길 위에 서면 : 김명동 시집 / 지은이: 김명동. -- 대전 :
오늘의문학사, 2017
p. ; cm. -- (오늘의문학 시인선 ; 401)

ISBN 978-89-5669-859-5 03810 : ₩9000

한국 현대시[韓國現代詩]

811.7-KDC6
895.715-DDC23 CIP2017027174

길 위에 서면

■ 서시

인연이란

손전화속에 적힌
숫자를 지운다고
머릿속에 담긴
이름을 지운다고
내 시선 속에서
외면하려고 해도
지워지지 않는다

삶의 길 위에
어디서든
동행하고 있는 법이다
억지로 아픔을 만들며
인연을 지우려 말라.

제1부 가야 되는 길

제2부 그리움으로 살아나고

제3부 강으로 가는 길

제4부 천태산 은행나무

제1부

길 위에 서면

오지 말라는 길인데
자꾸만 가고 싶다

눈을 감아도
마음을 따라
발길을 옮겨놓고 있다

사랑 길

오지 말라는 길인데
자꾸만 가고 싶다

눈을 감아도
마음을 따라
발길을 옮겨놓고 있다

그곳에
당신의 사랑 가득 담긴
속 깊은 항아리가 있다는 것을
알고 있기 때문이다

사랑한다는 것

사랑이란 단어에 취해
비틀거리는 심장

당신의 목소리가
천둥처럼 울려

잠자고 있는 행복을 불러
나를 제압한다

어머니

손끝에 온기라도
느낌으로 불러오고파
어머니!
귓속말로 불러보면
싱긋이 입가에
미소를 던지시던 그 모습

세월이 구비 구비 흘러
창밖 달빛마저
기웃거리지 않는 시간들
가신 연세가 된
자식의 나이가
온 머리를 덮는 새치들로
빼곡히 솟아난 지금

당신이 꿈꾸시던
무지개 같은 생각들이
침묵을 안고 묶여 있습니다

등을 내밀어 봐도
계시지 않는 육신

어머니!
하늘을 향해 불러보지만
대답대신 어둠이 내려 안고
별마저 숨어버립니다

다락 논

하늘만 쳐다보며
한숨 한 바구니

갈기갈기 찢어지는
논바닥에
검게 타는 속마음

기다리다 지쳐
노을을 쓸어안고 토해내는
울 아버지 기침소리로
어둠이 밀려온다

고향에는

내 고향 뒷산에는
내 아버님 무덤이 있다
뒷산 양지바른 곳에 띄집을 짓고
숨소리 없이 누워 계신다

꿈속에
친구와 걸어가던
새 땅 낙양리
역말
토성
상서문

고향에는
내 초등학교 동창들이
아직도 옛날을 꺼내놓고
막걸리 잔을 기울이며 노닥거린나

지금도 그 길 위에 지워지지 않는
내 발자국이 소리를 내고 있다

훗날 만월이 되는 날
내가 그곳에 서 있을 수 있을까

대보름 날

달빛이 내려와
뒷짐을 지고 마당에서 서성거린다

부엌 가마솥에서
어머님 손끝 적신 오곡들이
부글부글 속을 끓이고 있다

아궁이엔 어둠을 태우는
시뻘건 장작불이
얼굴에 취기를 만든다

뜨끈한 아랫목 열기가
시린 정월의 찬 기운을 녹이고
오곡밥 한 그릇
보름달처럼 비워놓는다

길

발길 옮겨놓을 수 없는 길
흐르는 시냇물로 간다

길은
주춤거리는 나를
새벽안개 속에 파묻고

선뜻 넘어갈 수 없는 그 길을
푸르름에 취해 간다

잡아도 뿌리치며
붉은 낙엽 휘파람에 울먹이며
예약 없는 길로 나는 간다.

힘없는 날개 퍼덕이며
세월이 속에 나를 묶어놓고 간다

자유인

나는
자유인이다
벌거벗은 마음으로
거리를 활보하며
뭇사람들의 따가운 눈살에도
아랑곳 하지 않는다

가끔
동공의 소매치기가 되어
시선 가까이 와 닿는
물건들을 죄의식 없이
무차별하게 훔친다

종교도 자유다
하느님의 말씀이나
부처님의 법문도
나에겐 해당 사항이 없다

그냥 마음 내키는 대로
믿고 중얼거린다

깊은 밤하늘 보름달을 보며
정신병자가 되어 소리 지르며
스트레스를 날린다

혹 구겨진 쓰레기 같은
잘난 인간들에게 화를 내고
욕을 퍼붓고
나 또한 마음속에 죄책감으로
스스로 용서를 구한다

자유인이란 너나 할 것 없이
내가 만든 나만의 인간
자신이 기쁨을 만들고 슬픔을 포개며
세상 속에 묻어 살아가고 있는 것이다

502호

창을 뚫고 들어오는 햇살이
어둠을 밀어내고 있다

짙은 커튼 안으로
곁눈질하는 나뭇잎

아픈 상처에 씨앗을 심은
사람들이 시트 위에 누워있다

고통을 잠재우려고
무통주사가 거꾸로 매달려
혈관 속으로 달려가고 있다

밤을 밀고 온 새벽별이
주춤거리는 병실이
침묵으로 가라앉아있다

삐걱거리는 빛과 함께
밀고 들어오는 냄새
청소부 아낙이 잠을 깨운다

시간을 다투어
아픔을 담아 쓰레기 속에 던져야
고통을 꿰매고 문을 나갈 수 있을 탠데
다시 문이 열리고
하얀 가운의 간호사 두 손에
주사바늘이 들려있다
살 속을 따끔하게 파고들
항생제를 가득 채우고

* 2015년 11월 1일 손가락을 다치고 새손병원에 입원해서

가야 되는 길

마음대로 가지 못하는 길을
나는 세월에 얹혀간다

새벽안개 속에 숨은 길을
나는 햇살을 불러간다

초록으로 물든 길을
소낙비 불러 물이 되어간다

보이지 않아도 길이 막혀도
그래도 나는 간다

밤 낮 없는 짓궂은 시계는
소갈머리 없이 자꾸만 원을 그리고

달력의 숫자는 그냥 있는데
세월을 따라 나이의 숫자를 적으며
주름의 골만 깊어간다

아침손님

새벽을 걷어낸
아침이
손님으로 찾아와

숨겨 논 푸르름을 꺼내 놓는다

바람들이 몰려와
가지를 흔들면

오지랖 넓은 햇살이 민낯으로
잎새 위에 내려 앉아
이슬을 숨기고
따스함을 나누어 준다

기다림

난 그곳에서 망부석인데
내 옆을 떠난 네가 없다
시린 눈밭에 나체가 된 나목
어깨 위에 흰 눈이 무겁게 저울질하며
후드득 떨어질 아쉬움에
얇은 바람에게 두 손을 모은다
온산은 하얀 옷 입은 병정들이
흰 총을 들고 산을 오르고
반나절 눈밭을 굴려 만든 눈사람이
햇살을 받으며 미소 짓는데
엄동 바람이 볼을 때리는 날
따뜻한 손 가진 네가
내 옆에 없다

길 위에 서면

길옆에 또 길이 있다
누구도 가지 않는
나만의 길이 휘어져있다
그 위에 잔걸음 굵은 걸음으로
내가 가고 있다

스스로 길이 되고
계절을 바꾸어가며 가는 사람이 있다

개울물은 흐르다가
소리 없이 사라져 어디쯤 멈추고
새들의 지저귐도 귓가에서 지워지면
하얀 꽃잎들 하늘가를 날아 사라진다.

사랑하는 이여
사라지지 않는 사람이 되어
그 길을 함께 걸어갑시다.

당신

햇살 내려앉은 마당
거미줄에 걸린 영롱한 이슬처럼
맑은 모습으로
내 울 안에 숨 쉬고 있는 사람

보여주지 않아도
가슴으로 전해주는 따뜻함

작은 숨소리 하나도
빠짐없이 건져주는
당신이 내 울 안에 있다는 것은

내 마음에
새로운 씨를 심어주는 행복이
오고 있다는 것입니다

그래서
난
누구도
가질 수 없는 것을
가지고 있답니다

황혼의 사랑

동쪽하늘을 붉은 물감 칠하던
젊은 날 싱그런 사랑도
활기차겠지만

세월을 견디며
지켜온 부드럽고
질긴 중년의 사랑은 멋을 만든다.

저녁 서산에 걸린 노을처럼
황혼의 빛으로 물든 사랑이
더 깊이 가슴속으로 젖어들지요

오랜 세월을
농익은 삶을 추스르며
마지막 노을이 숨을 때까지
손잡고 온기를 나누는
사랑이 더 아름답지요

저녁노을 앞에서

그 어디에서도
붉은 노을을 보며
환희와 아쉬움에 취하지 않으리.

하루해 다보내고 수많은 방황 끝에
늦은 깨달음과 후회에
용서를 빌지 않으리.

부딪치며 쓰러지고
다시 일어서는 용기
강함과 약함으로 나누었으리.

조용히 어둠이 밀려오는 저녁
침묵을 쓸어안고
지난 아침을 그리워하지 않으리.

마침내 산등성이 너머로 묻히는
오늘을 아쉬움으로 떠나보내리.

나잇값

세월을 안고 온
나잇값 인지
등이 활처럼 휘어간다.

삐거덕 거리는
관절의 노래

덤성 덤성
뿌리째 빠져버리는
흰백의 머리칼

초저녁 눈꺼풀은 힘없이 내려앉고
새벽 첫닭의 부르는 소리에
시간을 붙잡고 애원한다.

사랑노래

사랑한다고 말하고 싶은데
나는 그 말을 못합니다
부끄럼 많은 나는
그 말을 꺼내놓기가 두려움입니다

사랑합니다

더 많은 시간을 나누어
긴 시간을 당신과
함께 가고 싶습니다
오늘은 접고
내일이 눈을 뜨면
내 앞에 처음 같은 당신모습이
그냥 서 있어주면 좋겠습니다

사랑합니다

당신이 내 옆에 오래 있어 준다면
내 영혼까지도 행복해질 겁니다

그래서
사랑이란 말을 자꾸 하고 싶어집니다

당신에게 주는 선물로

우린 가끔

우린 가끔
사랑을 하고 있는지도 모르면서
사랑 이야기를 하고 있다

우린 가끔
사랑을 하지도 않으면서
사랑을 노래하는
억지 사랑의 노예가 된다

우린 가끔
누군가에게 자랑하고픈
사랑을 만들고 있다
가슴에 없는 사랑을

진정
그를 사랑하는 마음이라면
그의 어깨 위에 앉은
미세먼지에게도
질투를 느끼는 사랑이여야 한다

사랑은
양보하는 미덕보다
쟁취하여야만
스스로에게 만족을 주는 것이다

산골에는

아침에 문을 여니
푸르름을 안고 내려온 여름이
내가 이곳에 살고 있음을 알려준다

산개울 물소리 죽여 흐르고
산을 내려온 새들의 지저 김이
앞마당에서 콘서트를 열고 있다

뽕나무에 보랏빛 오디가
내 손길을 끌어당겨
입술에 립스틱을 바르고
달콤한 이야기를 던진다

저녁놀

이것은
늙은 나그네의
지친 하루의 소리 없는 비명

가파른 산비탈
맨몸으로 나목 끝에 매달려
손수건 흔드는
마지막 여정이
어설픈 춤사위가 슬프다

푸른 하늘은 피로에 지쳐
붉은 얼굴로 오늘이 주정하는데

가슴 울렁이게 하는 순정

아 그님은 누구인가 ?
보내는 아쉬움에 손 흔드는 사람

그대여

나는
그대가 그리워지는 날
창 앞에 선다
창밖에 피워놓은
꺼지지 않는 모닥불 같은 사랑을
지치지 않고
남은 인생 속에
가득히 채워가며
맨살 부벼대며
살아갈 수 있을까?

욕심도 거짓도 없는
따뜻한 가슴속으로
파고들고픈 마음
끊임없이 생각나고,
보고 싶고, 그리워지는
그대가 있다는 것이
내가 아직도 살아 숨 쉬고 있다는 이유이고 싶다
나도
그대의 마음속에 그대가 되고 싶다

싹

지워버리고 싶은
골 깊은 기억 속에 담긴
뚝 뚝 떨어지는 아픔

언제부터인가
내 화분에
작은 새싹 하나 자라납니다

누구인가에게서
마음담은 편지가 왔습니다

물을 주지 않아도
자라는 싹이랍니다

가슴 설레게 하는
뽑아버리고 싶지 않은 풀이랍니다

더 이상 시리지도 아프지도 않는
행복이 찾아오나봅니다

동행

너와 함께 서있다
살아가고 있는 길 위에
진종일 쳐다봐도
질리지 않는 얼굴
파란하늘처럼 그리운 사람

둘이서 함께 갈 수 있는
사랑이라서 몇 겹의
포개져진 인연인데

언제라도 곁에서
미소 짓는 사람이
당신이라는 것은
비켜갈 수 없는 행운이랍니다

선물

내 삶 속에
가장 소중한 선물은
진종일 쳐다봐도
얼굴 찡그리지 않고
오늘을 만들어 주는 하늘입니다

그 하늘 아래서
제일 귀한 큰 선물은
언제나 옆에서
나에게 행복을 만들어주는
당신이 있다는 것입니다

다시 걷는다

그 여자가 일어섰다
십년을 등을 대고
누워있는 아픔
한 발짝 옮겨질 때마다
다시 시작하는 희열의 웃음

거짓이 아니다

손끝으로 톡톡
그는 예수도 석가도 아니다
하느님의 마술도 아니다

아픔의 기억은 묻히고
입가에 미소가 다시 이어진다
체면도 부끄러움도 잊어버렸다
다시 채근하는 그의 미소

무거운 발의 추가
가벼워지고 있다

늙은 농부의 노래

초록이 둘려쳐진 산비탈
진종일 뻐꾸기 울고 간 자리
비릿한 내음의 밤꽃이
흐드러지게 피었다

떼를 지어 넋두리하던
새들이 놀다간 자리
한낮의 숲은 침묵하고 있다

뙤약볕 쏟아지는 들녘
먹이를 찾는 왜가리 한 마리
큰 날개를 접으며 내려앉는다.

한낮 햇살에 산 그림자가 내려오고
나무들은 바람을 불러다
신바람으로 춤판을 벌리는데

모내기할 물 없는 논바닥을 바라보며
논둑 가에 삽을 들고 서 있는
늙은 농부의 얼굴에 주름이 깊어간다

시골빈집에는

굳게 닫힌 사립문
인기척 없는 방문 창호지에
몇 개의 구멍이 뚫려
찬바람이 들락거린다.

밤이면 들 고양이 울음이
울림으로 집을 지키고
빈집의 겨울은 처마 끝에 매달린
날을 새운 창 같은 고드름이
추락할 두려움에 눈물 뿌린다

마당 한켠 아낙의 손길 잊은 장독 위에
흰 눈이 앉아있고
먹다 남은 간장은 세월을 업고
검은 소금으로 변해간다

겨울바람이 달려와
문풍지를 울리면 여름 내내 풍기던
곰팡이냄새도 얼어붙었다
뒷마당 무성한 대나무가
앞마당까지 내려와 새순을 키워 키재기 하고

그 빈집에 누군가 돌아올
따스한 온기를 기다리며 신음소리를 내고 있다

귀촌

남새밭 귀퉁이에
씨앗 뿌리지도 않은 상추 한 포기
도도하게 줄기를 세우고 있다

친환경 한다고
농약 냄새 나지 않으니
푸른색 벌레가
연한 잎사귀를 제 것처럼 뜯어 먹는다

아프다는 시늉도 못한 체
미련한 삶을 사는 놈처럼
살을 뜯어먹는 벌레 같은
세월을 털어내지도 못한다

흙속을 헤집고 다니며
어두운 굴을 파는 두더지 같은 인생
내 얼굴에 유년의 소나기라도
한바탕 쏟아지면 좋으련만….

삶의 무게

삶의 무게에
노을물감이 칠해진다.
내 아버지 가신 길을
주책없이 따라가고 있다

뒤돌아보면
자꾸만 지워지는
레일 밑에 친목들
미래의 발자국은
가파른 산길을 오르는데
천식으로 고생하신
내 어머니처럼 오뉴월에도
발걸음을 옮길 때 마다
숨이 가빠온다

우거졌던 그 산길에
새소리도 잠들었다
누가 소리 내어 불러주지도 않는다
어둠에 지워지는 파란하늘
산비탈의 아픈 비명을 지르며 따라오는
낙엽의 비명소리만 굴러가고 있다

삶의 이유

모든 것을 가질 수 있다고
믿은 때가 있었다.

잠시도 멈춤 없는 상실 속에
추락의 악몽 보다는
차라리 빛은 밤을 밝히기 위해 존재했었다.

버리기조차 무거운 어둠

허우적거리다 보면
세월 속에서 사라지라는 예약

그래서 이 못난 화상이
바둥거리며
숨 쉬기를 멈추지 않는
까닭이라고 할 수 있다

고향길

두고 온 고향 그곳에
코흘리개 아이인 내가 있는데
세월아
나 내려놓고 가거라

고향 텃밭
고랑사이로 내 주름 깊어간다

레일 위에 얹혀 시뻘겋게
녹이 슨 마음속 고향열차
돌아 갈 길 잃어
외면하고 멈춰 섰다

초침 분침 돌고 돌아
기억 속 이정표가 희미해진다

돌아 갈까나

고향내음 맡고 싶고
자꾸만 지워지는 친구이름 불러보고 싶다

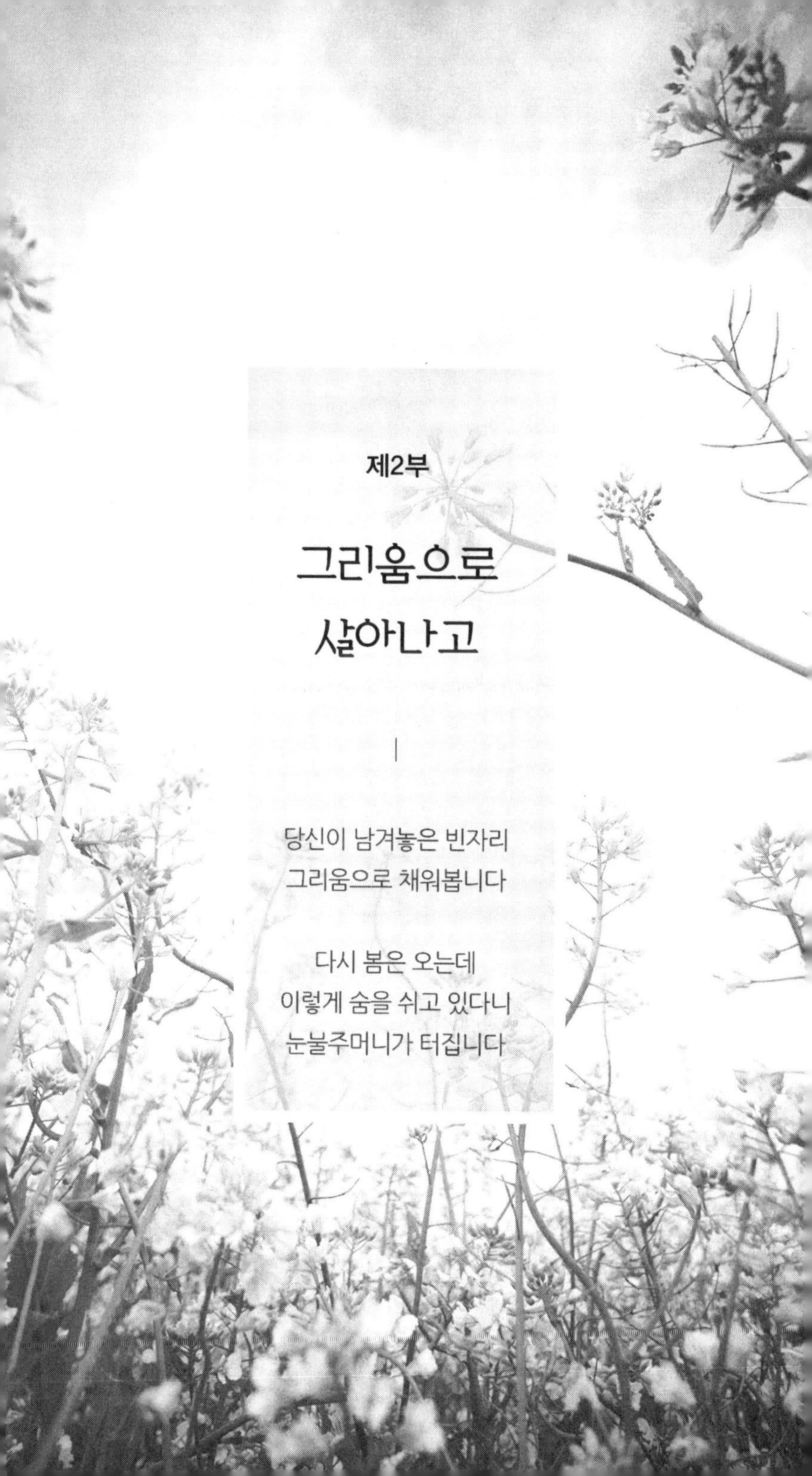

제2부

그리움으로 살아나고

당신이 남겨놓은 빈자리
그리움으로 채워봅니다

다시 봄은 오는데
이렇게 숨을 쉬고 있다니
눈물주머니가 터집니다

화상

그립다는 것은
사랑에 데인 화상이
쓰리다는 것이다

가슴에는 이미
터트리기 싫은 물집이
생겼다는 것이다

봄날 · 1

흰눈이
뜨락에서 자리를 내준 곳에
봄 햇살이 가득 내려앉았다

하나 둘 솟구치는
생명들의 옹알이 소리가
귀속으로 들어와 미소를 만든다

봄날 · 2

복수초 노란 꽃망울이
겨울을 떨쳐버리고
봄 앞에 피어 웃는다

언덕 그늘엔 몸살을 앓고 있는
겨울 그림자가
밀어내도 버티고 있다

바짓가랑이 속으로
스며드는 찬바람이
늙은 아버지의 기침소리를 만들며
심술을 부리고 있다

흐르는 시간에 밀려
뽑혀져야할 계절 끝에
손끝을 시리게 하는 울음이
길게 매달려있다

금란

봄 오는 길
황금 빛 꽃잎
콧속으로 빨려드는
향기의 화려한 외출로
그대를 부른다

흰 눈의 포옹속에
겨우내 담았던
그 진한 선물
그리움을 던지며
손짓하는 당신

다시 봄길에 서서
뜨거운 포옹을
나눌 수 있을까

벚꽃

춘 삼월도
다 지나가지 않았는데

봄비 맞은
꽃잎이 눈처럼 펑펑 쏟아진다.

진종일 빛살의 춤사위가
바람의 어깨 위에서
일렁이며 놀고 있는데

해거름 찢겨진 흰 종이 사이로
어둠이 데려온 손톱달이
가지에 걸려 떠나지 못하고 있다

꽃비

봄바람의 설렘에
우수수 떨어지는 하얀 꽃잎

마중하던 몸단장은 사라지고
파란 잎의 공연이
하늘을 덮는다

앞 다투어 달려온
여름의 심술이 봄을 지우고
푸른 왕국으로 가는 길

길 위에 세월을 안고
영혼이 퇴색된 장승이
바람을 맞으며 홀로 서있다

아쉬움은 껍질을 벗기고 밀려와
꽃 비 속에 덮히고

생각의 굶주림에서 돌아온 나는
가느다란 창끝에 매달린 솟대가 된다.

봄 남새밭

늙은 아비의 이마에
깊은 주름 같은 밭고랑 위에
파랗게 솟아오르는 봄나물들
아낙들의 이야기가 들려온다
밭고랑마다 심어진
무거운 귓속말이
도란도란 속삭임으로 들린다
풋풋한 풀 냄새
한낮이 되면
아침 이슬 벗은 파란 옷으로
매무새를 다듬은 쑥갓이
파란 얼굴을 내밀어
향긋한 냄새를 풍기며
종종걸음으로 나와
남새밭을 채우면
시골 아낙의 바구니가 수북해진다

그리움으로 살아나고

봄날 화사하게 피어나는 꽃을 봐도
그리움으로 살아나고
여름날 짙은 향기에 취해 비틀거리더라도
당신 향한 그리움으로 솟아나고
화려한 옷 꺼내 입고
유혹하는 가을 지나가도
그리움으로 남는데
돌아봐도 돌이뵈도
눈앞에 선한 그대 모습 지워지지 않으니
이 모두가 당신 향한
사랑이라고 말하고 싶은데
내 사랑을 가슴에서 꺼내
당신에게 던져주고 싶은데
당신은 어디에 숨어
숨바꼭질을 하고 있는지
부르지도 않는 첫눈은 내려와
가슴을 시리게 하는데
이 모두가 그리움 때문인데
이 모두가 사랑하기 때문인데

봄은 오고

봄은 오고
꽃망울은 부풀어 오르고

눈길 따라 서편으로 넘어간
사라진 겨울의 끝자락
쉼 없이 내리던 눈송이는
어디로 갔는가

떠나버린 눈 덮인 계절은
추억을 만들고
색색의 꽃들이 앞 다투어
매무새를 다듬으며
언덕을 넘어와
꽃이 되는가 잎사귀가 되는가.

어느 가슴에는 꽃그림을 그리며
어느 마음속에 향기를 뿌릴까
겨울은 가고 봄은 오고 마음은 요동치고….

동백섬

내가 다녀온
그 섬에는
겨울을 이겨낸 동백꽃이
붉은 입술 떨며
흐드러지게 피어있었다

아우성치는 파도소리에
물새가 합창하고
등대지기 없는 하얀 등대가
외로움을 안고
밤바다를 밝히고 있었다

저려오는 시린 손끝으로
다가오는 봄의 느낌을
노을로 물들이며 달려오고 있었다

문을 열면 계절이 바뀐다

문을 연다
눈앞에 길이 누워있다
길 위로 봄을 데리고 온
벚꽃이 하얀 융단을 깔고
소식을 몰고 온다

길 위로 여름 뙤약볕이 쏟아진다
가끔은 장마를 몰고 오는 소나기가
푸른 빛깔의 심술을 부리며 길 위에 뒹굴고 있다

다시 문을 열면
길 위에 나들이 나온 가을이
하나둘 색깔 고운 옷을 벗어
길을 어지럽힌다

춥다 문 닫아라
길을 통해 찬바람을 몰고 들어오는
서릿바람이 시리다
흰 눈이 발자국을 만들며 내려앉아 하품을 한다

봄은 오는데

꽃잎에 내려앉은 햇살의 미소가
너무 따뜻해서 가슴을 열어 놓습니다

겨우내 참았던
시린 아픔이 지워집니다.

흰 눈을 보내고
봄을 불러오는 바람을 맞이하며
아직도 그곳에 있다는 것에 감사해야합니다

논둑길 잡초들도 고개 내밀고
봄길을 걸어오는데

당신이 남겨놓은 빈자리
그리움으로 채워봅니다

다시 봄은 오는데
이렇게 숨을 쉬고 있다니
눈물주머니가 터집니다

봄 마당

흰 눈이
자리를 비켜준 곳에
향긋한 내음으로
잎을 새운 냉이가 유혹하면
그냥 웃음 흘리고
지나가도 좋은 봄날

연둣빛 송곳 같은
새얼굴들이 우후죽순
고개를 치켜든다
밭고랑 사이로 늘 부러지게
파란생명들이 돋아나는 날
나에게 세상에서
제일 부자가 되는 봄날이 온다

봄이란

산 계곡 얼음 밑에서
봄의 풍악이 들린다

투명의 겨울 속에서
보드라운 살갗 간질이며
겨울이 떠나려고 걸음을 재촉한다

부시져 버릴 것 같은 고힘으로
새싹을 부른다

물방울 구르는 소리
몸속을 치유하는 심장의 박동

아직은 빈 소리가
마음의 봄밭을 두드리며
꽃의 향기만 느껴온다

시간이 길을 재촉하면
파란 우표 붙인 봉투 속에
자줏빛 젖망울 그려진
편지가 날아올 것입니다

새벽 향기

다시 꿈틀거리는
새로운 숫자판 위에
절룩이는 발걸음을
재촉하고 있다

그림자 뒤에 숨는
세월을 긋는 검은 글자를
밟고 지나왔는데
들리지 않는 신음 소리

거울을 찌그리는 몰골
허리가 굽어지고 있다

붉은 꽃 피는 봄날
다시 환한 웃음으로
향기를 맡을 꿈을 꾼다

허망한 속내를 드러내며

늘봄

어두운 구름을 안고
내 삶에서
버림받은 영혼이
푸석해진 내 살 속을 헤집고
나잇값의 통증을 실어 나른다.

천둥소리 빗소리
마른 땅을 깨워
깊숙이 사정을 한다
푸른 송곳이 솟아오른다.

누가
내 지난 시간 속에
골다공증 빈 뼈 사이를 지나며 저리도록
깊은 사랑에 빠져 울고 있는가
숲을 적시는 소나기가 온다

4월

진달래 꽃망울이
웃음을 머금으며
고개를 쳐든다.

시선 피해 꽁꽁 숨어있던
푸른 새싹들이 하나 둘
송곳처럼 솟아오른다.

엄동을 이겨내고
살아남은 것들이
무슨 말이라도 하려는지

꽃바람을 부르며
요란한 소리 없이
봄의 마당으로 달려 나온다

갈 길은 있다

봄은 지나갔는데도
뙤약볕 내려쬐는 길 위에
다시 여름이 멈춰있다

마른 번개 피뢰침 속으로 사라지고
호들갑스런 소낙비가
갈라진 마른 땅 틈새 속으로
자취 없이 사라진다.

수많은 사람이 지나간 밤에
꼭 만나고 싶은 사람이 있다
그래서 길 위를 서성거린다.

가을이 와서
화려한 색으로 잎새는 물들고
꽃을 시들게 하지만
꽃씨 하나 들고 겨울로 가고 있다

들꽃

그곳에 있는 지
아무도 모른다

누가 불러줄 이름도 없다

그래도
그곳에서 향기를 뿜어내며
벌 나비 불러 사랑을 나눈다

회상

논둑길에 핀
흰 망초 꽃도

그 모습이
화려했네.

맨얼굴을 부끄럼 없이
다 드러 내놓고

한낮 햇살 한 사발
들이키기까지

계절을
휘돌아 와서

웃음 섞인 눈물로
비갠 하늘을 보네

능소화

오늘 하루만 사랑하자
네게 할 얘기가 없다

죽은 가지에 매달려
애원하는 마음에 꽃을 피우고

하루살이처럼
해질녘 사랑의 손을 놓고
이별하는 아쉬움

오늘밖에 만들 수 없는
화려한 추억을 던져놓는다

밭둑길

마른 밭둑길에
하얀 망초 꽃이
엷은 바람에 흐느적이며 피고 있었다.
파란 하늘 강 건너다 지친
구름 한 자락이
햇살을 가리고 그림자를 지운다.
시름 한 아름 안은
몇 올의 늦바람이 옆에 와
하얀 향기를 건지고 있었다.
성큼 다가오는 여름 한낮 더위에
잎사귀 시든 꽃이
갈증에 신음하며 피고 있었다.
노을이 성큼 다가와
햇살을 지우기를 기다려
이슬을 머금고 잠들고 싶어 한다.

여름 소나기

심술구름을 몰고 와
호랑이 오줌 같은
소나길 뿌리고
잠깐 한눈판 사이
흠빽 적셔놓고
도망간 사람아

기다리던 마음은
이미 가슴까지 젖어 시린데
따뜻한 가슴 가진
그대는 없고
이글거리는 햇볕만
머리 위에
불화살을 퍼붓고 있다

가뭄 · 1

살갗을 태울 것 같은
뙤약볕이 내려쬐는 한낮
짧은 소나기에라도 흠뻑 젖고 싶다

뜨거운 열기로
화로가 되어버린 대지 위에
말라버리는 잡초가
타는 목줄기 붙잡고 신음하고 있다

온 몸을 비틀게 하는 갈증
벗어버리고 싶은 껍데기
지나가는 소낙비 같은 수액으로
골수이식을 한다

늦은 밤 찾아오는 작은 이슬이
그나마 풀잎을 적시며
유리창에 적고 있다

가뭄 · 2

울면서 지쳐 내려가는
개울물처럼
가다가 목줄기 조이는
갈증으로 아득하게 멀어지는 길

말라 버리는 햇살 뒤로
노을빛이 지쳐
피곤한 누런 얼굴을
산등성이를 빌려 가리고
아무것도 이루지 못한 오늘
상처와 회환으로 덕지덕지 붙어있다

어느 누구에게도
슬픔도 기쁨도 주지 못한 미련한 놈
막막하고 먼 길을 걸어가는 길섶에
힘없는 망초 꽃이 흐느적이며 울고 있다

소나기

하늘이 심술을 부리려나
검은 구름으로 차일을 치고
내 관절 속을 들쑤시며
저린 신호를 보낸다.

리듬을 잃어버린 면역성 버려진
늙은 영혼이 울고 있다
삶속에서 저주받은 것들이
내게 아픔을 만들며
날을 세운 창칼로 온몸을 쑤석거리고 있다

누가
세상 어느 응달진 곳에서
나 때문에 기다림에 지쳐 아파하고
슬퍼하고 있는가
개울 갈대숲을 헤집으며
쏟아지는 거친 소나기가
뼛속을 저리게 하며 쏟아지고 있다

여름 숲

푸른 발자국이 칠월의 숲으로 숨어든다
새벽을 알리며 울던
새들의 모습은 보이지 않고
나뭇가지 흔드는 바람이 마중합니다.

남정네 사정한 비릿한 밤꽃향기가
나뭇가지에서 떨어져
콧속으로 먼저 날아옵니다.

기다림으로 채워진 모습은 보이지 않고
꽃들의 향기보다
앞질러 서성이는 그대 내음

눈부신 여름의 향연처럼
향기로 태어나 다가온다면
여름의 숲은 더욱 활기찰 텐데

여름 한낮

장마에 쫓기는 더위를 불러다
방안에 가두어 놓는다

시린 겨울 아랫목을 따뜻하게 하는
장작불대신 이불속에 예금 해놓고 싶다

호랑이 오줌 같은 소나기 한 줄금
지나간 산비탈
푸른 잎사귀들이 햇살에 익어
퍼렇게 멍들며 요동을 친다

새들도 지쳐 둥지로 돌아가
울음소리를 그쳤다

오솔길 덮고 있던 잡초들이
목줄기를 움켜잡고 발버둥이다

한 줄기 소나기가 반가운 손님으로
기다려지는 여름 한낮이다

유월 영혼의 노래

그때 포성 속으로
사라진 임들이시여

그날의 이야기를
핏빛하늘은 보고 있었습니다.

포성이 쏟아지던 산과들은
그대들의 붉은 피로 물들었고
노을도 붉은 얼굴로 절규하고 있었습니다.

그날 그때 핏물 쏟아진 산비탈에
지금은 그대들의 넋인 양
선홍빛 진달래가 봄마다 피고

아직도 잊혀지지 않는 그 날의 아픔은
지금도 유월이 되면 하늘에서 진홍빛 핏물이 되어
모란꽃잎처럼 뚝 뚝 가슴으로 떨어지고 있습니다.

지워질 수 없는 기억
사라지지 않는 통곡소리
불러도 돌아올 수 없는 이름

목이쉬어 숨진 어머님의 부름이
아직도 산 메아리 되어 지쳐 있습니다.

임들이시여
그날 그때 흙속에 묻힌 그대들의 육신은
거름이 되어 옥토를 만들어
이 땅의 생명들을 살찌우고

그리고 이 땅의 평온한 삶은
임들의 나라사랑 힘이 원동력이 되었습니다.

유월의 하늘도 푸르고
세계로 뻗어가는 이 나라
모두가 그대들의 숭고한 주검이 만들어 주신 것입니다

임들이시여
이제 이 땅의 걱정 내려놓으시고
하늘나라에서 편히 쉬십시오.

유월

더운 바람으로
그대 곁에 다가섰다

푸른 잎새들이
바람과 속삭임을 나누고 있다

산비둘기
꾸르륵 꾸르륵 지저귀며
사랑을 부른다

유월
그대 생각으로
더운 가슴이 되었다
그래서 황홀함에 취해 행복하다고

향긋하고 비릿한 냄새가 달려와
나를 유혹한다
바로 당신 냄새이다

8월

한여름 더위를
그리운 이름처럼
방안으로 불러다놓고
몸살을 앓고 있다

열려있는 땀구멍으로 쉼 없이 솟아오르는 땀이
온몸을 적시고
선풍기 바람마저 햇살내리는 마당으로 쫓겨나고 있다

내 안에 남아있는 그늘도 지워지고
마지막 몸부림으로 8월과 싸움질하고 있다

제3부

강으로 가는 길

담장을 허물고 들어오는
도둑 같은 가을바람이 시리다
나무는 벌써
누런 옷을 벗어던진다.

머리맡에 시린 밤이
어둠을 두드려 달을 부른다

낙엽 한 장

가을 햇살에 총 맞은
낙엽 한 장
물결에 떠밀려
징검다리 아래로 떠내려간다

봄부터 적은 사연
좁쌀처럼 적혀있는지
돋보기로 봐도 알 수 없지만
물 위를 헤엄쳐간다

두고 온 육신은
삭정이처럼 말라 부석거린다.
센 바람의 투정
발목까지 시려오는 느낌
살 속을 파고들어 온다

그대는 오지 않아도 되는 길을
반기는 사람도 없이
성큼 옮겨놓고 있다

가을 길

가을바람이
온 길을 지운다

낙엽 한 장 힘없이 떨어져
살 속으로 파고든다

가슴에 박히는 이름 하나
예전에 이별했던
아픔 하나 더 보태진다

누구도 데려다 주지 않고
지워지는 유년의 기억은
물을 주어도 살아나지 않고

노란 은행잎에
깨알같이 써놓은 글씨
소식을 잃고 바람에 떨어진다

가을 민낯

붉은 입술에
노란 이파리 하나 물고
가을이 와있다

산으로 가지 못한
상처뿐인 은행나무 가로수
노란 물감 칠하고
검은 아스팔트에 눈물 떨군다

한 움큼 알곡을 품고
고개 숙인 벼이삭
때지어 날아드는 참새 떼 눈치 보는 날

가을바람에 채이며
불면의 밤을 시달리는
억새의 신음소리도 꺾여지는데

너무 늦은 가을 날
쓰다 남은 이야기
겨울 노트에 적어 놓을까

미리 쓰는 가을 편지

하나 또 하나
계절이란 그림쟁이가 나뭇잎에
서둘러 색깔 칠한 가을 이야기가
떠날 채비를 하고 있습니다

줄 것 많았던 푸르른 날
시퍼런 욕심으로 배를 채운 열매
골고루 나누어 주지 못한 아쉬움이 있었겠지요

그때 허기진 나는 가진 게 너무 없어
얇은 가슴이 찢어지도록 아팠습니다.

허지만 내가 가진 게 조금밖에 없다 할지라도
안고 있는 조금은 따뜻한 온기는 나누어 줄 수 있었답니다

그대는 내 마음 노을 속에 묻히는
낙엽에게 물어보세요
이 가을에 적은 사랑 편지가
낮은 곳으로 갈 수밖에 없는지를

낙엽 한 장

붉은 단풍잎 하나
소식 없이 어깨 위에 내려앉는다

계절의 무게는 가볍다
노을이 곁눈질한다

내 어깨에는 무거운 짐을 얹어놓는다

가을의 그리움

푸른 나뭇잎이
어깨를 들썩이는가 싶더니
주적주적 가을비는 내려
잎사귀를 물들이고

마른풀잎 사이로
달이 외면한 달맞이꽃이
고개 떨구고 발등만 내려다보고 섰다

추억의 강이 흐르는
두고 온 그곳 뚝방길 넘어
함께 거닐던 길이 누워있고

아직도 아쉬움남아
채 피우지 못한 꽃봉오리들이
하늘거리며 허리가 휘어지고 있다

보고픈데 달빛은 구름 뒤로 숨고

별이 수를 놓던 그 자리에
어둠이 보자기를 펴니
그리워도 밤길을 걸을 수밖에

도둑

담장을 허물고 들어오는
도둑 같은 가을바람이 시리다
나무는 벌써 누런 옷을 벗어던진다.

머리맡에 시린 밤이
어둠을 두드려 달을 부른다

멈출 수 없는 시간
인정머리 없는 계절이 덮친다.
가지 말아야지 노을 진 길을
문고리 잡고 애원한다

꽃밭에선 국화향이 밀려온다.
서리 내리는 소리 그림쟁이가 그린
노란 물감 칠한 은행잎이
길 위를 어지럽히며 나뒹군다.

빗자루를 들고
마당을 쓸고 있는 네가 쓸쓸해 보인다

삶의 무게

어깨가 아프다
삶의 짐이 무거워진다
아침 이슬 담은
무거운 나뭇잎이 고개를 숙인다

오래도록 기다리던 사람이
낙엽 밟으며 찾아올 것 같다

찬바람 맞으며 속살 드러내고 있는
자작나무가 산비탈에서
떨고 있는 듯 보인다

잊고 있든 미소가 침묵을 깨워
이야길 나누고 있다

지나간 봄날 깔아놓은
벚꽃 길의 하얀 융단을 멍석 말아 치우고
다시 붉은 낙엽을 쓸고 있다

가을이 간다

가을이 타들어간다
침묵의 나무들이 옷을 벗는다
가지 끝에 서리가 매달려
눈물방울이 된다

작은 울림이 진동으로 다가온다
낙엽은 살점을 도려내며 떨어진다
숲을 다스리던 새들의 울음이
간절해지고 있다

나뭇가지들은 흔들림에 한숨짓고
옷을 벗는다
숨 가쁜 계절의 발걸음이
재촉을 당하고 있다

어디 만큼에 끝이 있을까
찬 서리가 미리와 아침을 적신다
잠자던 호수에 앓는 소리가 들린다

추연(秋淵)

내 이름을 부른다
잔물결이 일렁이는 호수가 있다
분홍빛 연꽃잎이 미소를 던지며
마중 나오고 있다

연못 깊은 곳에서 노닐던
물고기들이 뛰쳐오른다

고요와 침묵이 함께
머물며 살아 숨 쉬는 곳

붉은 단풍이 한 잎 떨어지며
작은 배를 만들어 노를 젓는다

그위에 내 이름이 얹혀
대답을 한다

늙은 나무

메마른 땅에 뿌리를 내리고
사방팔방으로 팔을 뻗고
가을 논 가운데 새들을 쫓는
허수아비를 닮은 저 늙은
주름살투성이 나무를 보라
세월에 시달림을 견딘
움푹 팬 아픔을 담은
상처 자국 가득한 몸둥아리로
산을 지키며 몇 백 년
그렇게 사는데
내 몸뚱이는 무엇으로 사는가
그냥 쉽게 살고 싶어
게으름을 피우고 있다
나도 늙어도 쉽게 살지 않고
저 나무처럼 햇살을 막아
그늘을 만들어주는 그런 이로 살고 싶다

새벽안개

새벽 짙은 안개에 취해
비틀거리며 거리에 나섰다
부서지고 부서져
더 부서질 수 없는 것들이
안개 속에 숨어서
적막을 이루고 있다
저기 희미하게 보이는 길 위로
걸음을 재촉하는 무리들이
앞 다투어 걸어간다
산허리를 휘돌면 산이 숨고 나무가 숨고
내 시야에는 남아 있는 게 없다
한 낮이 되면 발빠진 나무들이 나오고
모두 마셔버린 강물위에
오리들이 노닌다
시간들이 노을빛으로 살아나
어둠을 불러와 저녁을 맞이한다

붉은 잎

밤새 달님의 눈을 피해
몰래 사랑하다 들킨
부끄러운 얼굴

조용히 숨죽이고 있다가
소슬바람에 질겁하고
나뭇가지에서 손을 놓는 그대

가을이 있는 이유

나뭇잎이 물들어 떨어지는 가을입니다
손끝이 시려워
자꾸만 주머니 속으로 손이 들어가는
가을이 가고 있습니다

넣고 보면
손끝이 따뜻해지고
마음도 따뜻해집니다

가을의 주머니 그리고 마음
모두 다 따뜻해지면
그대 생각 담긴 마음은
가을을 잊어버리고 있는듯합니다.

물방울

나뭇잎에서
투명의 물방울이 떨어진다
누군가의 발아래 밟힐
두려움으로 땅속에 숨는다

새벽이슬로 일어나
꽃잎에 얹히고
잎사귀에 앉아
슬픈 눈망울을 굴리고 있다

한낮 햇살의 눈웃음에
비명도 없이
어디론가 자취를 감춘다

9월의 산길

비릿한 밤나무 가지 사이로
산바람이 가을을 안고 밀려오는
9월의 산 오솔길
아쉬움 담은 농익은 포도 알 같은
푸른 여름은 시들어가고
소나무가지에 앉은
산비둘기 한 마리 짝을 기다리고
분홍빛으로 물든 코스모스 꽃잎에
가을은 숨 쉰다
쉼 없이 흐르는 산 개울물
강으로 가고
시린 하늘 담은 호수에
계절의 그림쟁이가
파란 물감 칠하면
겨울로 가는 길 초입에
시린 마음이 담기여
아쉬움 한 움큼 안고 가벼이 흘러간다

10월의 바램

한여름 굵은 빗줄기가 지나고
화려한 화장을 시작하는 10월엔
낙엽을 닮은 당신을 만나고 싶다

푸르름이 흰 구름을 띄워놓은
하늘 강에 바람이 노를 저으며
내 빈터에 빛 좋은 노을을 깔아놓는다

정겨운 기타소리가 들린다
그리운 사람을 부르는 노랫소리를 듣고
멀리서 가슴을 울렁이게 하는 소식이 오고 있다

첫눈 편지

밤새 걸어온 새벽이
나를 흔들어 깨운다

눈 부비며 문을 여니
흰 겨울 나비가
날개를 펄럭이며
마당을 날고 있다

어둠속을 헤엄치던
겨울손님이 새벽을 나와
하얀 융단을 깔고
마중하고 있다

기다리는 마음

텅 빈 찻집
건너편 빈 의자에
희미한 전등불이
그대인 양 엷은 미소를 담고 앉아있다

시계바늘 위에 올라앉은 시간은
자꾸만 원을 그리는데

나는
베틀 위에 앉아
한 올 한 올 숫자를 세며
기다림을 짜고 있다

문이 열리고
바람을 앞세운 누군가 들어온다
그대 일까
다시 기다림은 채워진다

찬바람이 볼을 때린다
문이 열리고 있나보다
힐끗 시선이 문 쪽으로 향한다.

기다려보지 않은 사람은
안타까움을 느끼지 못한다

아직은 시간을 접어놓지 못했나
발자국소리 도 귓가에 잠들어 버렸다

어둠을 부르는
창밖에 노을의 걸음이 빨라진다

막차는 끊어지고
기다림은 깊은 수렁에 빠져 허우적인다.

뒷모습 보이기 싫은 나를
배웅하는 주인의 목소리가
얼음장처럼 차갑게 들린다

겨울 손님

함박눈으로
너의 어깨위에 얹혀
함께 걷고 싶다

그냥
아무 말 없이
네가 가는 길을 가고 싶다
보고 싶다는 말도 필요 없겠지
함께 갈 수 있다면
그것으로 행복하니까

밤열차

밤새도록
어둠을 실어 나른다.
칠흑 같은 장막이 겹겹이 늘어져 있는
산 모롱이 지나고 강을 건넌다.
오가는 무거움이
창안의 불빛으로 눈을 뜬다.
이 밤
흰 눈이라도 내려쌓였으면 좋겠다.
레일위에 두 줄의 선이 그어지고
방향을 알 수 없는
새벽이 달려오고 있음을 알리고 있다
잊혀진 듯 지나간 작은 역이
기억을 더듬어 문패에 불빛을 비춘다.
붉은 빛 햇살이
밤의 저지선을 뚫고 다가오고 있다

겨울편지

화장하고
외출한 나무들이
산속으로 숨었다

옷을 벗은
나목들 어깨위에
손님이 와 앉아있다

구름이 심술부리는
여름으로 다시 가고 싶네요

손님

방문을 연다
발자국소리도 없이
찬바람을 등에 업고 방안으로
겨울이 들어온다

더운 온기가 움츠리며
아랫목으로 몸을 숨긴다

바깥 처마 끝에는
고드름이 거꾸로 매달려
키를 키우고 있다

골짜기 사이로 몰아치는
억센 바람이
나뭇가지를 흔들며
요란스럽게 지나간다

바람이 휙 불어
애처롭게 매달린
처마 끝 고드름을 추락시킨다

겨울햇살

겨울햇살에 총 맞는 시간
또 한 장의 달력을 넘기려고 한다

육신의 피곤함으로
삭정이처럼 말라
영혼마저 뿌드득거리는 소리를 낸다

거부할 수 없는 길
한숨 담긴 발자국을 옮겨놓는다

해는 짧아지고
별 볼일 없는 못난 모과처럼
익어버린 삶이 강을 건너고 있다

눈

눈이 쏟아진다
지난 계절이 담은 영혼의 노랫소리처럼
흰 가루를 뿌려 댄다
가을을 지나며
뼈 속이 빈 나무들이
가슴을 열어 토해내는 한숨인 듯
흰 눈이 온다
하늘 한 모퉁이에서
검은 죄 값의 흔적인
가을낙엽을 덮어 지우며
차분하게 내려앉는다
다음날은 또 어디에서
잠들어 쉬고 있는 나무들 사이로
흰 눈이 온다

겨울비

계절을 잊어버린
부슬대며 오는 비가
한심스럽다

나뭇가지 위에 집 없는
까치가 소란스럽게 울어댄다
나도 미쳐 우산을 들지 못해
속옷까지 젖으며 걷고 있다

시린 느낌이 두꺼운 점퍼 속으로 파고들며
가슴까지 번져온다

하늘 끝은 보이지 않고
마음까지 질척거리게 하며
비는 하늘 버리고 내려와 앉는다

해질녘 싸락눈으로 변해버린 비가
어둠속에서 발끝을 시리게 한다

무너져 내리는 겨울

겨울이 꼬리를 감추며
고드름 끝으로 눈물 되어
무너져 내린다

눈 덮인 산자락이 내려와
뿌연 입김을 뿌리며
아침 안개가 된다

엷은 햇살이
쓸쓸한 바람 실어서
마을 어귀 고목나무에 매달린다.

봄으로 가는 길
허기진 이빨로 서로 물고 있는 계절
고달픈 사투다

꽃물결 일렁이는 봄날
새하얀 불꽃에 덥혀
겨울이 무너져 내린다

12월

마지막 남은 한 장의 달력
기억을 되돌려 다시 시작했으면
푸른 청춘과 거친 비바람을 거쳐
떨어지는 낙엽으로 날린
노을빛으로 덮힌 시간들
등을 미는 바람에 밀려
열한 달을 거치며 쌓인 아픔은
아쉬움을 포개 지워 버리고
누군가 마지막이라고 할 때
후회하고 포기하기 보다는
다시 만날 새날을 맞이하며
다시 희망을 일으켜 세웠으면 좋겠다

선달

저문 하루 지우개로 지우고
내일을 깨워 불러온다

낙엽은 핏빛으로 떨어져
마음을 비우고
겨울잠을 재촉하는데

내안에 열려있던
철문 같은 그리움이 닫힌다

삶이란 모두가
길 위에서 서성이며 서 있는 것을

계절은 손을 끌어당기며
얼음위에 서있는데

작두위에 올라선
위태로움에 깊은 눈물이 잠긴다

상처파인 아픔은 등을 밀고
부끄러움에 산등성이 뒤로 숨는
선달이 마음을 흔들어 깨우며 고개를 숙인다

그날이 오면

모란 꽃잎처럼
똑 뚝 핏물 흘리던
그날이오면

짓밟힌 가슴에 뜨거운 피가
용트림하며 솟치는
그날이오면

환희의 함성소리는
삼천리를 진동하고
하늘이 울고 땅이 통곡하는
그날이오면

억눌려있든 분노를 꺼내 폭발하리라
무궁화 꽃잎 웃음 머금고
화려한 나들이하는.
그날이 오면

우린 환희와 희망이 가득 찬
따뜻한 이 땅위를
멈추지 않는 열차를

모두 함께 타고 질주하리라
그날이오면…

6.25 헌시

1월

다시 시작을 위해 한해를
하얀 좌판위에 숫자로 올려놓는다
저마다의 빛깔로
예약 없이 줄서있는
계절들을 맞이하려 하고 있다
빙글 빙글 돌아가는
무대 위에 무희처럼
걸음걸음에 장단을 맞춘다
새로움이 움트는 시작
푸르름이 멈춘 청춘
농익은 색깔 옷 입고
기다림을 앞세워 동행하고 싶어한다
다가올 그 많은 숫자를 품고
시작을 알리는 태양의 걸음이 시작된다

자연은

용산 상청화리에는
봄이 성큼 다가오지 못한다
떠나기 싫은 겨울 끝자락이
쉽게 자리를 내주질 않는다

산 개울
살얼음 속으로 물소리 들리지만
언 땅속에 잠든 봄을 깨우지 못한다

밭고랑사이엔
하얀 부케를 꿈꾸는 망초 새눈을 틔우고
봄눈 꽃을 뿌리고 싶은 매화 꽃망울이
나뭇가지에 매달려
꽃눈을 틔우기 위해 애간장을 태우며
봄 햇살 어루만짐을 기다리고 있다

시로 솟아오릅니다

웃음을 담고 가까이에 계십니다.
꽃잎위에 나비로 와 계십니다
노을빛으로 물들어계십니다

한 걸음 한 발자국
깨알 같은 시가
한가득 담기고 있습니다

물이 고이고 흙이 덮이고
새싹 같은 시가 솟아오릅니다.

글 집짓기

설익은 열매들이
책장 속에 몸을 담고 있다

연민
슬픔
아쉬움의
뿌리가 내려앉았다

깊이 숨겨지지 않은 뿌리가
햇살 한줌 받아 싹을 돋운다.
그리고 줄기를 만든다

가슴에 시뻘건 쇳물을 녹이며
새 생명의 집을 짓고 있다

제4부

천태산 은행나무

손전화속에 적힌
숫자를 지운다고
머릿속에 담긴
이름을 지운다고
내 시선 속에서
외면하려고 해도
지워지지 않는다

천년의 노래

닭의 울음소리로 시작하는
천년의 두 자리 초입에 와있다
무성한 산속에 허리 굵은
오래된 소나무가 버티고 서서
세월을 지키고 있다
뚝 넘어 강물이 막힘없이 흘러간다
촌로의 이마에 깊은 주름이 동행하는 세월
그렇게 두 번의 천년이 지나갔다
새벽이 열리고 먼동이 트고
햇살이 내려와 봄을 부르고
새싹을 돋우고 키를 키우고
다시 천년의 시작이 되어 걸어간다
오랜 옛날 삼국시대도 아닌 어느 날
어디쯤엔가에서 본 듯한
푸르름과 썩은 고목이 골짜기를 채우고 있다
어느 산사 너른 마당에 천년 은행나무가
노란은행잎을 떨구며 그곳에 서서
다시 천년의 장을 넘기며
먼 길 시작에 서있다

부처님의 미소

입가에 엷은 미소가
법당 뜨락을 딛고 내려와
절 마당을 번져 가면
합장하고 탑을 도는 중생의 얼굴에
수심은 미소가 된다

닮을 수 없는 그 마음
욕심은 내려놓고
마음은 비워보고
그래도 모자라면
넓은 연잎 위에 투명한 물방울 되어
마음가득한 번뇌를 지운다

마음속으로 중이 되는

밤새 절간에서 걸어 나온 종소리가
내 꿈속으로 들어와 소리를 지른다

부처님이 대웅전 밖으로 걸어 나와
내 마음속에 종을 두드렸나보다

난 이생에 중이 되는 팔자인가
오늘도 마음을 가다듬고
험상궂은 달마를 그리고 있다

더 넓게 주라는 것인가

침묵을 지나
종소리 없는 절간에서 마음의 종을 친다

한낮 미세먼지 같은 미물이
마음에 무엇을 담을 수 있을까

남녘

초록이 물결 밀려온다
거역할 수 없는 몸부림
센 바람을 몰고 되살아나는 길

순리를 안고 다가오지만
얼음을 녹이며 흐르는 강
솟구치며 고개를 내미는 연록의 새싹들

그냥 지나치지 않는
계절의 그리움이 이야길 들려준다

먼 남녘 푸른 들판을
힘차게 밀어 올리며
질펀한 가락의 소리가 들려온다

간이역

묵직한 무게에 눌려
신음하든
철로가 운다.

세월을 업고 있는
정년의 역장의 이마에 주름이
철로처럼 그어져 있다

그리움을 무겁게 등짐 진 나그네가
격한 음성으로 사투리를 내뱉는다.
그곳이 어드메냐고

빈 대합실은
오랜 침묵으로 묶여있고
고장 난 시계는 움직일 줄 모르고
뿌연 먼지를 뒤집어쓰고 있다

시간표도 지워진
간이역 게시판
기차의 시간도 모른다
멀리서 무거운 몸짓으로

다가와 기적을 울리면
기다림도 배웅도 흩어진다.

성에는

도시에서 찌들은
냄새나는 무거움을
버스로 실어다
내려놓은 몸뚱아리

바람을 다스리는
하얀 몸짓으로 풀어
허공을 맴돌다
푸른 잎사귀 위에 내려놓는다.

비릿한 바다냄새를 벗어던지는
은은한 향내가
지나가던 미풍에 실려와
콧속을 간질이며 스며든다

차향이다!

바닷바람에 사시사철
애무당하는 푸른 언덕
그곳이…
언제든 날 오라 손짓을 한다

검은 강

진종일 달려온
달빛이 숨은 밤
함성도 지쳤다

강기슭
갈대의 그들만의 소근거림이
물고기의 잠을 깨운다

어디서부터인가
유연한 몸짓으로
흐느적이며 흘러와 자리를 잡고

몸 비틀며 요동치는
처량한 꿈틀거림이 있다

그날 그곳에서는

하늘도 울분을 참지 못해
구름을 조각조각 부서서
눈물을 만들어 던지고 있습니다.

애절한 통곡소리
파도 속으로 파묻고
바다는 시립도록 차가웠습니다.
검은 혓바닥을 내밀고
새파란 젊음은 삼킨
바다는 몸서리치게 무서웠습니다.

누가
그토록 아름다운 가슴들을 가진
그들의 머리를 짓누르고
아직도 재대로 피지 않은 꽃들의
삶을 외면하게 만들었는가.

갈기갈기 찢어 바다 속으로 던져버리고 싶은
책임감 없는 인간들이
간절한 애원의 눈망울에 소금기 가득한
바닷물을 퍼부었단 말입니까

주인놈은 불룩한 배 더 채우려고
눈감아달라는 돈뭉치들이고
나리들 찾아다니느라 바쁘고
배터지게 처먹은 나리들이 눈감아 준덕에
바다 위를 달려가야 할 배가
바닷속으로 곤두박질쳤습니다!

그놈이 그놈들이
결국은 아까운 생명들을 버렸습니다
함께 수장해버리고 싶은 인간들이
득세하며 사는 나라

그날 그때로 다시 돌아가
저 바다를 덮어버리고 싶도록 원망스럽습니다.
꿈에서라도 그 길이 육지였더라면
저 하늘을 찢는 부모들의 울부짖음과
통곡소리 들리지 않았을 텐데…

이제 하늘 길 고이 열고 부디 승천하여
고통이 없는 곳에서 편안하게 살기를
모두의 따뜻한 가슴을 모아 전해주고 싶습니다.

잊혀지는 이름 마산

그대 기억 속에 저물어가는
그 길 위에 채색화 같은 핏자국이 그려있다

짓눌린 울분의 함성들이
봇물처럼 터지든 날
거리는 분노의 잔물결이 일렁이다
뜨거운 가슴으로 휩쓸려갔다

뜨거운 열망의 목소리가
이 땅 구석구석에 자유의 문을 열었다

해가 웃고 달이 기우는 세월
거리에 붉은 피 뿌리던 심장들은
침묵의 흙속에 고이 잠들고

화려한 변심으로 바꾸어진 도시는
키를 키우는데
오래도록 아픔을 감싸않은
그 마산이 문패를 내렸다

마음속에서 지워지지 않는
검은 비문에 적힌 아픔의 이름
기억상실증으로 지워져 사라지는 마산처럼
부르지 않는 이름이 되지 않기를 바란다

삶의 마음

세월을 삼킨 주름을
계급장처럼 달고
해묵은 나무의자에 앉아있다

굽어진 허리
펴보려고 안간힘을 써보지만
굳어버린 뼈마디는
덜거덕 소리만 연주할 뿐

사는 게 사는 게 아니다
소갈머리 없는 아이가 된 나이
불평과 투정에 매달려 씨름 한다

묶어놓을 수 없는 시간
돋보기 없이는 볼 수 없는 눈으로
아직도 남아있는 마음속에 기억을
열심히 주워 담고 있다

가거라.
네 맘대로 가거라
삶의 주막에 잠시 들렀다 가는 길인데

무엇이 그리 서운한 게 많은가
내려놓으면 시원한 것을

도둑맞은 시간

바람이 싸하다
어둠이 내버린 새벽이
산등성이를 등지고 고개를 치켜든다

밤새 내린 이슬
작은 진동에 잎새 위에서 추락하고
길잡이 없는 계절이
앞 다투어 데려온 찬 기운
살갗 속으로 스물스물 파고든다

어제를 접은 하루가
마중하는 햇살을 불러
무거운 대문의 자물쇠를 열면
볼품없이 지친 이마에 그어지는
굵은 선이 기차 떠난 레일처럼
시뻘겋게 녹슬어가고 있다

달력

새로운 숫자가
절룩거리는 발걸음
재촉하고 있다

그림자 뒤에 숨는
세월을 알리는 검은 숫자

눈을 감고 밟고 지나왔는데
들리지 않는
뼈마디 신음소리

거울 앞에 선 모습
허리가 휘어지고 있다

다시 한 번 웃음으로
붉은 꽃 피는 날

엷은 향기라도 맡고 싶다

바다의 숨소리

바다의 숨소리가 들린다
내 어머니 천식 앓는 소리

어젯밤 밤새 뒤척이다
가까스로 잠들었던
파도가 밀려와 바위를 두들겨 깨운다

조그만 모래알들은
바다로 다시가고
바닷가엔 한숨소리 곡을 부쳐
모래톱이 그려진다.

갈매기 날아와 발자국으로
후렴을 그려 넣으면

그 노랫소리에
어깨를 들썩이며
바다가 살아있음을 알리고 있다

상처

우리의 삶 중에
상처 없는 삶이
어디 있을까
비켜갈 수 없는 시간과 싸움
욕망과 아픔의 벽에 붙어사는 인생인데
세상에 발맞추어 살다보면
찢기고 패이며 곤두박질치며 사는데
세월에 부딪쳐
상처가 생기고 아물며
딱지가 떨어지고
새살이 돋아나면
작은 흉터가 남지만
그래도 접을 수 없는 미련 덩어리
그것이 남은 인생에 교훈이 되고 있다

서해바다

울렁이는 가슴을 연다

파도를 안고
밀려오는 푸른 바다

비릿한 내음을 가득담은
만선에 고깃배가
불룩한 배를 드밀며 들어온다

거센 바람을 타고
무리지어 날아드는 갈매기 울음

모래밭에 그려진
두 개의 발자국이 정겹다

저녁노을이 눈으로 들어와
벅찬 가슴을 만든다

바라만 봐도 뻥 뚫리는 스트레스

역

— 기차여행

시그널이
붉은 눈을 껌벅거린다
역은 웅성이는 소리로
그곳에 번잡하다
심장의 고동 소리 들린다
그 속에 몸을 싣고 있다
두 줄 레일 위에
구수한 사투리들이
기적소리 속에 쉼 없는 이야기를 담고
스쳐지나간다

가끔 역장 없는 간이역이
애처로운 눈빛으로
기다림을 채우고 있다
낮 밤을
차창 밖으로 사계절이
그림쟁이의 붓끝에서
색깔을 바꿔가며 풍경화를 그린다
쉼없는 질주가
멈춰지는 곳에
마중 나온 연인의 웃음
뜨거운 가슴을 만들고 있다

안부

누군가를 기다리는 날에는
비오는 날 산 개울 물소리를 들어보라

빗소리 속에서
누군가 불러보고 싶은
그런 날이 있었다

요란한 빗방울 소리 때문에
끝내 들리지 않는 목소리
털어내고 마는데

살다 보면 가슴 메어지는 날이
왜 없겠냐.

가슴에 고인 그리운 이름
소중히 꺼내 소리쳐 부르고 싶은 날
기억 속에 얼마나 담고 있을까

병원대기실

매연으로 시커멓게 그을린 거리
국적 없는 간판들이
우후죽순 문패를 달고 있다
무거움으로 진통하는
건물의 문을 열고 들어선다
소독약 냄새가 먼저와 코를 찌른다.
대기실의자에 허리 굽은
세월을 엮은 노인들이
주름을 그으며 앉아있다
퉁명스런 간호조무사의 목소리 속에
지워지지 않은 이름이 들린다
힘없는 대답소리
늙은 노파가 무릎을 세우며 일어선다.
관절 부서지는 소리
의사에게로 향하는 뒷모습에서
안도의 한숨소리가 묻어난다
다시 노파가 떠난 빈자리에
늙은 사내가 또 다른 아픔을 앉히며
기다림을 채우고 있다

장애

삶이 절룩거린다.
이 세상 어느 누군들 온전한 사람이 있다더냐.
지팡이만 없을 뿐이지
모두다 장애인으로 살아간다.
높은 곳에서 으시대고 앉아있는
배부른 인간들
그들의 몸과 마음속은
몹쓸 병에 걸려
장애인인 줄도 모르고 신음하고 있다
눈멀고 귀 안 들리고
생각도 병들어
맑은 하늘을 부끄럼 없이
쳐다볼 수 있는 인간이 몇이나 될까

그 길 위에는

지친 발걸음을 잠시 멈추고
삶이 지칠 때 잠시 쉬었다 가야지

내가 걸어온 길을 기억 더듬어
들추어 보자

절룩거림 없이
쉬지 않고 부끄럼 없이 걸어왔는지

지친 삶은 고달픔을 달래며
다독여 주는 길이 더 풍요로울 수 있다

거칠고 험한 길을 지나고 난 뒤에
느껴지는 편안함이 더 행복한 것

다시 길을 가면
지나온 길이 고마움을 느끼게된다

그림자

저녁노을이 다가오면
내 발 뒤꿈치를 따라다니던
그림자 정처 없이 길을 나선다

발밑을 떠나 별이 기다리는
어둠속으로 걸음을 재촉한다

주인 없는 그림자 위로
누군가의 그림자가 포개지는지도
모르는 침묵이 떠내려간다

다시 나를 따라다니는
형체를 알 수 없는
그림을 그릴 수 있는 날은
햇살의 마중이 있어야 살아난다

무궁화

심장의 박동소리
진동하는 울림

삼천리에 송이송이
피어난 꽃
겨레의 미소

고귀한 우리의 빛깔
두 팔 벌려 가득 안으리라

영원히 지워지지 않는
우리의 미래

촛불

제 살덩이 태운다
고통을 참지 못해
한없이 흘러내리는 눈물
몸 태워 어둠을 밝히고 있다

바람의 심술에 고개를 저으며
확연한 존재가 된다

붉은 눈빛
가슴을 뜨겁게 태우며
연기로 사라진 넋을 달랜다

어둠속에 숨은 그대를 찾는다
일렁이는 촛불이 되어….

길 위에 서면

김명동 시집

발 행 일 | 2017년 10월 31일
지 은 이 | 김명동
발 행 인 | 李憲錫
발 행 처 | 오늘의문학사
출판등록 | 제55호(1993년 6월 23일)
주　　소 | 대전광역시 동구 대전로 867번길 52(한밭오피스텔 401호)
전화번호 | (042)624-2980
팩시밀리 | (042)628-2983
전자우편 | hs2980@hanmail.net
카　　페 | cafe.daum.net/gljang(문학사랑 글짱들)
cafe.daum.net/art-i-ma(아트매거진)

공 급 처 | 한국출판협동조합
주문전화 | (070)7119-1752
팩시밀리 | (031)944-8234~6

ISBN 978-89-5669-859-5
값 9,000원

ⓒ김명동, 2017

* 이 책은 교보문고에서 E-Book(전자책)으로 제작 · 판매합니다.

* 잘못 제작된 책은 바꾸어 드립니다.